A LA MÉMOIRE DE SCHLIEMANN

## DU MÊME AUTEUR

*L'ACCOMPAGNATRICE*, 1985.
*LE LAQUAIS ET LA PUTAIN*, 1986.
*TCHAÏKOVSKI*, 1987.
*ASTACHEV A PARIS*, 1988.
*LE ROSEAU RÉVOLTÉ*, 1988.
*HISTOIRE DE LA BARONNE BOUDBERG*, 1988.
*LA RÉSURRECTION DE MOZART*, 1989.
*C'EST MOI QUI SOULIGNE*, 1989.
*LE MAL NOIR*, 1989.
*BORODINE*, 1989.
*DE CAPE ET DE LARMES*, 1990.
*DISPARITION DE LA BIBLIOTHÈQUE TOURGUENIEV*, 1990 (hors commerce).
*L'AFFAIRE KRAVTCHENKO*, 1990.
*LES FRANCS-MAÇONS RUSSES DU XXe SIÈCLE*, 1990 (coédition Noir sur Blanc).
*ROQUENVAL*, 1991.

Tous les ouvrages de Nina Berberova
sont publiés aux éditions Actes Sud.

Titre original :
*Pamiati Chlimana*


ISBN 2-86869-600-7

Illustration de couverture :
Charles Demuth, *Incense of a New Church* (détail), 1921
Columbus Museum of Art, Ohio.

NINA BERBEROVA

# A LA MÉMOIRE DE SCHLIEMANN

récit traduit du russe
par Alexandra Pletnioff-Boutin

ACTES SUD
HUBERT NYSSEN ÉDITEUR

Le car "Place Schliemann-Grandes Fontaines" s'éloignait du monument. Il était bondé, mais j'y avais trouvé place. Je fourrai mon petit sac de toile sous le siège et jetai mon chapeau dans le filet. C'était un soir plein de bruit, de poussière, assombri par la touffeur de la journée. Le long des rues, des foules sorties des bureaux et des ateliers torrides couraient s'entasser dans des logements sans air, alors que moi, je me laissais emporter à toute vitesse, très loin de la place Schliemann, vers les Grandes Fontaines.

Ces trois jours de congé m'avaient été dûment octroyés. C'était indéniable, je les avais mérités. Modeste aide-comptable, je travaillais depuis deux ans dans une grande entreprise, qui employait près de quatre cents personnes, à commencer par ceux que l'on ne voyait jamais, pour terminer par le balayeur, qu'on ne pouvait ne pas voir car il passait ses journées, une large pelle rouge à la main, à ramasser les papiers et les détritus qui traînaient sous nos bureaux et sous nos sièges. Le temps de travail était comptabilisé d'une manière toute spéciale, compliquée et peu compréhensible. Il y avait des semaines où nous avions le sentiment d'avoir été lésés et soudain une gratification surgissait.

Pendant toute une année, je n'avais pas eu un seul jour de congé. Tout à coup : "Mardi 4, mercredi 5, jeudi 6, vous êtes libre !" Cette décision avait été prise par une énorme machine, celle-là même qui nous délivrait nos salaires et nos gratifications, qui annonçait qui et combien d'entre nous pouvaient se faire porter malades et qui avait droit à un congé. Cette machine ressemblait à un de ces mausolées que l'on érigeait autrefois dans les cimetières pour y accueillir quatre générations au moins.

Pour installer cette machine, bien avant que je ne fasse partie de cette entreprise, on avait percé le plafond et fixé des supports sous le plancher. Devant elle, les employés acquiesçaient de la tête : "Elle ne se trompe jamais !" Je lui dois mon congé et elle est responsable des gratifications comme du licenciement, pour cause de retards constants, de cette jeune fille aux cheveux dorés et aux bracelets cliquetants.

En revanche, cette machine ne pouvait rien inventer. C'est ainsi qu'un jour où je la contemplais du haut de la galerie qui court autour de la grande salle où nous travaillons tous, une étrange idée m'est soudain venue à l'esprit : comment augmenter le temps consacré au travail d'un vingt-quatrième par jour, c'est-à-dire faire plaisir à ceux que l'on ne voyait jamais ?

Cette idée était le fruit d'une imagination oisive. Il n'y avait là aucun intérêt de ma part, ni désir de me faire bien voir. J'étais loin de poursuivre de tels objectifs que seuls peuvent avoir les inventeurs de l'œilleton placé sur la porte de la cellule de prison ou de l'appareil de contrôle qui enregistre le temps passé par les employés à déjeuner. Il m'est tout simplement venu à l'idée que si chaque jour on commençait le travail une heure plus tôt, cela ne causerait pas un préjudice notable, mais augmenterait, pour ainsi dire, la production. Disons que le lundi la journée commence à neuf heures, le mardi à huit heures, le mercredi à sept heures, etc. Au bout d'une semaine, la journée débuterait à deux heures du matin. Comme toute la ville se serait adaptée à ce rythme accéléré, cela n'aurait, en substance, aucune importance ; à la fin d'une année, chacun aurait gagné environ deux semaines de vie supplémentaires, ce qui n'est pas négligeable. En conséquence, non seulement l'exploiteur serait comblé, mais également les exploités. Après vingt-cinq années de labeur, chacun serait gratifié, pour ainsi dire, d'une année de vie supplémentaire.

A notre époque, la notion de jour ou de nuit me semble parfaitement archaïque, alors que les boutiques, les restaurants, les cinémas, les hôpitaux restent ouverts toute la nuit et que le cinquième de la population des grandes villes travaille de nuit ; il serait donc très simple d'adopter ce nouveau système. Les notions démodées selon lesquelles il faut dormir la nuit et travailler le jour étaient valables quand il faisait clair le jour et sombre la nuit, qu'il y avait du bruit le jour et que tout était calme la nuit. Pourquoi devrions-nous vivre comme vivaient nos aïeux ? Ne serait-il pas plus raisonnable d'adopter une activité ininterrompue ? Et ne serait-il pas plus sensé de construire des immeubles de mêmes dimensions en hauteur et en profondeur, afin de gagner de la place, puisque l'éclairage, la climatisation, le chauffage et, bien entendu, une aération perfectionnée peuvent remplacer la lumière et l'air ?

Il faudrait, par conséquent, promulguer une loi : un immeuble qui comporterait douze étages en positif devrait nécessairement posséder douze étages en négatif, c'est-à-dire en profondeur dans la terre, là où un éclairage au néon, un air chaud, un air froid et un air marin seraient fournis en permanence d'une manière invisible et silencieuse. Une période de dix ou quinze années d'accoutumance serait nécessaire, mais une fois l'habitude prise... Chacun, en se présentant, devrait faire suivre son nom d'un signe *plus* ou d'un signe *moins* ainsi :

– Petrov +

– Sidorov -

Ce qui signifie que si vous êtes Ivanov -, vous ne pouvez pas communiquer avec Petrov +, vous ne le rencontrerez plus jamais. Par contre, il vous sera plus commode de traiter avec Sidorov -. Une fois encore vous aurez gagné du temps.

Toutes ces semaines, mes pensées allaient bon train, tel un moteur bien huilé.

Je me disais qu'à la place des discours politiques, des sermons, des longues conversations autour de la table à thé, d'entretiens qui se prolongent sous la lampe ou de promenades à pas lents, nous pourrions échanger nos solutions définitives concernant les questions sociales, morales, privées et psychologiques. Par exemple :

— Fais le bien. – Il est souvent peu avantageux de faire le mal.

— Si tu as pris, rends, mais ne donne rien à personne.

— Respecte les gens en bonne santé. – Evite les malades.

— Oublie les vieux. – Ils n'existeront bientôt plus.

Donc tout est clair. Votre interlocuteur est sur la même longueur d'onde que vous. Là aussi, vous aurez gagné du temps.

Encore tout excité par cette idée, j'ai téléphoné, la semaine dernière, à Daly pour lui dire que je m'ennuyais d'elle et que j'aimerais venir la voir. Toute joyeuse, elle a fait résonner le cliquetis de ses bracelets dans le combiné du téléphone. Le même soir, je me suis rendu chez elle. Elle venait de sortir du four un plat raffiné qui avait dû lui demander de nombreuses heures de préparation. C'était un soufflé doré, qui s'étirait en tous sens, sentant bon le fromage. Nous avons pris place à table. L'amie qui partageait l'appartement avec elle jouait pour nous de la mandoline, instrument dont elle avait appris le maniement dans un manuel. Il y avait là une étagère qui en supportait une grande variété. Lorsque l'amie jouait, elle ne cessait de loucher sur un de ces manuels. Je remarquai également que Daly, qui touillait quelque chose dans une casserole, louchait, elle aussi, sur un livre qu'elle tenait ouvert dans sa main gauche.

— Pourquoi étiez-vous toujours en retard au bureau ? lui dis-je un peu sèchement ; voyez le résultat, vous avez été licenciée.

Elle jeta un regard attristé autour d'elle. Ses cheveux étaient si merveilleux que j'eus envie de lui enlever le peigne qui les retenait et d'y enfouir mon visage.

— Toujours attendre l'autobus. Toujours attendre le métro. Des foules partout. Je n'y arrive pas, répondit-elle d'un air malheureux.

— Vous devriez vous lever un peu plus tôt. Viendra le temps où il y aura de la place pour tout le monde et personne ne vous bousculera plus.

— Une bombe ? demanda-t-elle timidement.

— Non, pas une bombe, mais une vie multipliée par deux, lui ai-je répondu. Un jour je vous expliquerai tout cela. Rien d'effrayant. D'ailleurs, je peux vous le dire maintenant : autant au-dessus, autant au-dessous, autant le jour, autant la nuit, pour qu'il y ait plus de temps et plus d'espace.

La mandoline sonnait doucement. Je me sentais bien. J'étais tranquille et dans une certaine mesure presque gai avec elles deux.

— Enlevez votre peigne, lui dis-je.

L'amie se leva aussitôt et quitta la pièce en emportant sa mandoline et le manuel. Une minute plus tard, la musique reprit derrière la cloison, à la note exacte sur laquelle elle s'était arrêtée. On se serait cru au Japon.

Bien qu'elle n'eût pas enlevé son peigne, ses cheveux répandaient un parfum mêlé de muguet et de marrons grillés, de ceux que l'on vend au coin des rues quand vient l'automne. Ses cheveux dorés, eux aussi, rappelaient l'automne. C'est à cet instant que l'idée de partir à la campagne avec elle m'est soudain venue. Depuis que je m'étais installé dans cette ville immense où nous habitions tous les deux, je n'en étais jamais sorti. Nous étions en été, un été chaud, interminable. Il devait bien y avoir quelque part des fleurs, des feuilles et de l'air, doré comme ses cheveux ?

— Partons quelque part, lui dis-je doucement.

— Où ça ? demanda-t-elle, toujours aussi tristement, comme s'il n'y avait nulle part où aller.

Ce projet est, hélas, tombé à l'eau, car une semaine plus tard Daly avait trouvé un emploi et plus rien n'a coïncidé entre nous, comme si elle avait eu le signe *plus* et moi le signe *moins*, ou le contraire.

Le car filait en droite ligne. Les heures s'écoulaient les unes après les autres. Par la vitre baissée, je voyais défiler les maisons, les gens, les voitures, les enseignes, les boutiques. Je rêvais aux Grandes Fontaines, aux trois jours de congé, à la machine qui m'en avait fait cadeau. "Elle ne se trompe jamais !" m'avait dit un jour le chef comptable. Il avait raison. O combien !

J'eus l'impression que le soleil s'était couché, mais quelques minutes plus tard, il brillait à nouveau du côté opposé (nous prenions un tournant). Pas pour longtemps, il est vrai, car les lumières s'allumaient déjà, tout doucement le crépuscule s'installait. De temps en temps, le car s'arrêtait, des gens descendaient, d'autres montaient. Une place surgit, avec au centre un grand buisson gris de poussière ; des enfants couraient tout autour ; puis la place disparut. Nous traversâmes une voie ferrée ; au-dessus passait une autoroute ; des voitures roulaient dans notre direction, comme une chaîne ininterrompue ; des trains filaient sous l'autoroute. J'avais l'impression d'être projeté dans une autre vie, loin dans le futur.

Il est probable que d'autres que moi ont eu, et plus d'une fois sans doute, l'idée de réorganiser l'humanité. Au cours de chaque siècle, non, plutôt de chaque quart de siècle, une nouvelle invention destinée à améliorer le sort de l'homme a surgi, ouvrant aussitôt de nouvelles perspectives : la journée de huit heures, par exemple. Ensuite, une pause, un autre pas en avant : la gratuité des soins hospitaliers, l'allocation vieillesse. Cela aussi devint insuffisant. En avant encore : l'assurance-obsèques, la gratuité des soins dentaires… Et voilà qu'aujourd'hui nous cherchons à allonger le temps, à agrandir l'espace. Le moment est donc venu pour moi de mettre toutes mes idées par écrit et de les envoyer quelque part après les avoir brevetées. Oui ! C'est bien ça, il faut les breveter ! De nouvelles perspectives s'ouvrent : des villes de dix, quinze, vingt millions d'habitants réorganisées, repensées ; les journées de vingt-quatre heures redécoupées, rationalisées. Tout sera calculé par des machines spéciales : le lieu, la manière, l'époque selon lesquels chaque être devrait vivre. Il y aura des compartiments : la famille, le travail, les loisirs ; des sous-compartiments : l'art, l'éducation des enfants, les moyens de transport. Une place pour chacun, même pour ceux qui préfèrent la solitude. Laissez-les vivre !

— La solitude n'est pas un crime. Il y a des gens qui la recherchent. Qu'on ne les embête pas.

— Si étrange que cela puisse paraître, les lépreux ont aussi le droit de vivre.

Ne pas confondre ces deux slogans. Il faut les garder séparés, et peut-être même en intercaler un autre :

— Laisse ton voisin tranquille. Il n'a cure de ta sollicitude.

Je dois me préparer à être attaqué de deux côtés. Toute pensée, même aussi archaïque et aussi dénuée de signification, comme par exemple : “Dieu existe-t-il ?” ou “Dieu n’existe pas !” est toujours menacée de deux côtés, du côté des progressistes et du côté des réactionnaires. Elle l’est d’autant plus que l’idée est nouvelle. Les progressistes qui, depuis plus de soixante-dix ans, s’identifient à l’Etat et occupent près de la moitié de la sphère terrestre (Kouzma II, neveu de Sidor le Grand, est depuis peu à leur tête), les progressistes, donc, s’empresseront de me tendre un piège, en ce qui concerne la réalisation non pas de mes projets spatiaux, mais de ceux qui sont liés à la répartition du temps. Ces deux semaines supplémentaires par an qui vont tomber comme une prime sur la classe ouvrière (et sur toute l’humanité) vont être immédiatement confisquées par l’Etat, qui exigera qu’elles soient consacrées au chant choral, au calcul atomique, à l’étude de la vie de Sidor le Grand et aux défilés militaires. Les réactionnaires, quant à eux, m’opposeront, c’est indéniable, les fêtes carillonnées, les jeûnes, les calendriers grégorien et julien et la chronologie à partir de l’apparition de l’étoile de Bethléem et du tremblement de terre survenu au cours du premier siècle de notre ère au Proche-Orient.

Mais comprenez-moi, comprenez-moi donc ! Je ne vous promets absolument pas une solution rapide de tous les problèmes de l'humanité. Au contraire, ce seront, tout d'abord, les architectes, puis les directeurs des chemins de fer, les médecins, les écrivains, les ouvriers, les tailleurs et les ménagères que j'entraînerai dans de grandes difficultés. Tous seront confrontés à de graves problèmes. Mais alors après !... après environ cent ou deux cents ans, quel soulagement ! Et cela jusqu'au moment où, à nouveau, il y aura de l'encombrement et de la bousculade et où un autre génie surgira avec un nouveau projet d'aménagement de l'espace et du temps.

On va dire que, moi aussi, je me prends pour un génie. Rien n'est plus faux ! Je suis un homme modeste. Mon idéal serait d'obtenir un poste de chef comptable, peut-être même celui d'assistant du directeur du service financier, de me marier, et pourquoi pas avec Daly ? Ce serait un tel bonheur d'être avec elle pour toujours et surtout d'être aimé d'elle ! Je pourrais lui demander chaque jour et pendant toute la journée : "Tu m'aimes ?" et elle me répondrait, chaque fois et pendant toute la vie : "Oui ! Je t'aime !"

Il faisait déjà presque nuit, lorsque nous nous arrêtâmes sous des arbres au feuillage épais.

— Les Grandes Fontaines, dit quelqu'un derrière moi. Un voyageur me dépassa, tenant une cage avec un chien. Un instant, mon regard et celui du chien se croisèrent. Je sortis mon sac de toile de sous le siège et mis mon chapeau. Une sorte de bonheur venait de m'envahir. Ne demandant rien à personne, je descendis du car, et passant sous les arbres, me retrouvai sur une grande place devant un marchand de glaces. Je tendis l'oreille pour deviner la direction à prendre, mais je n'entendis aucun murmure d'eau. Pourtant je savais parfaitement qu'un tel murmure devait émaner des fontaines.

Une place aux réverbères allumés s'étendait devant moi. Un espace large et absolument désert entouré de petits arbres derrière lesquels on apercevait de grands immeubles de pierre dont la plupart des fenêtres étaient éclairées. Dans une des rues adjacentes, un embouteillage avait certainement lieu, car on y klaxonnait vigoureusement. Lorsque le tintamarre cessa, je dressai l'oreille à nouveau, mais n'entendis aucun clapotis.

Un énorme bassin en ciment d'une soixantaine de mètres de diamètre, vide d'eau, se dressait devant moi. Il était rempli de monde.

— Les Fontaines ? demandai-je au marchand de glaces.

— Elles ne fonctionnent pas, me répondit-il.

Je m'approchai du bassin avec le sentiment de me trouver, comme par le passé, dans quelque grande ville dont je n'étais jamais parti. Les mêmes enseignes électriques rouges et bleues brillaient derrière les arbres, là où roulaient les automobiles, les fenêtres étaient éclairées à tous les étages de la même façon, parce que là aussi on faisait le ménage après les heures de bureau. Il y avait dans l'air la même odeur de poussière et de cigare et, n'eussent été les initiales "G.F." sur la casquette du marchand de glaces, je me serais cru quelque part près de chez moi, en chemin vers le bureau de tabac qu'on ne pouvait atteindre, lorsque le besoin s'en faisait sentir, qu'en traversant une place terriblement monotone.

Un vague brouhaha s'élevait du bassin vide d'eau. Il était entièrement rempli de gens debout, assis ou couchés. Eclairés par les réverbères, seuls les visages étaient visibles. Il y avait là des jeunes, des vieux vêtus d'une façon étrange.

Des mots épars se distinguaient dans le bourdonnement sourd des chants et des conversations. On aurait dit que cette foule était, par cette nuit étouffante, sortie des maisons et s'était immobilisée involontairement et par hasard dans cet énorme bassin, ou plutôt cet immense radeau en ciment, comme si elle tentait de voguer vers un espace lointain. On ne pouvait pas dire qui était là ; il était, sans doute, plus facile de préciser qui n'y était pas.

A vue d'œil, il y avait là plusieurs centaines de personnes, quelques chats et chiens, environ une douzaine d'enfants dont deux étaient nourris au sein, et un perroquet dans sa cage qu'on avait emporté pour lui permettre, à lui aussi, de respirer l'air du soir.

Les gens qui faisaient cercle au centre du bassin s'apprêtaient à chanter quelque chose. A leurs pieds, un violoniste et un joueur de banjo étaient assis, les jambes croisées à la turque. J'eus l'impression que tous ces gens étaient sur le point de soulever leurs rames et de voguer comme des naufragés, et que moi aussi j'allais être du voyage.

Je m'assis sur le rebord du bassin – quelqu'un s'était poussé pour me faire de la place – et balançai mes jambes à l'intérieur. Des vieillards avaient apporté leur pliant et leur jeu d'échecs ; des vieilles femmes étaient assises par terre sur un journal qu'elles avaient étalé sur le sol et serraient leur gros sac contre leur ventre ; des jeunes filles étaient allongées dans les bras de jeunes gens et des jeunes gens faisaient de même dans les bras de jeunes filles, tandis que des enfants s'amusaient à escalader les couples enlacés ; des petits chats jouaient sur les genoux d'une jolie femme enceinte ; deux clochards buvaient à même une unique gourde ; deux hommes en sandales, arborant des ceinturons mexicains, discutaient à mi-voix d'une façon animée ; une femme aux yeux exorbités et aux lèvres rouges jetait des regards insolents autour d'elle, tout en prenant appui de ses deux mains sur deux hommes et en gratifiait un troisième d'un sourire triomphant. Près de son visage échauffé, on distinguait une béquille appartenant à un monsieur distingué qui lui tournait le dos ; il était vêtu d'un veston orné de glands.

Une rangée de grosses ménagères solides, qui se ressemblaient toutes, se tenaient un peu plus loin. Elles étaient vêtues de robes sans manches, largement échancrées, dont l'ourlet s'arrêtait aux genoux. Elles répandaient une odeur de graillon. Il y avait aussi des petites filles coiffées comme de petits garçons, certaines en pantalon, d'autres avec des cheveux qui leur tombaient jusqu'à la taille ; une mère, âgée de seize ans, somnolait au-dessus du landau de son bébé ; trois filles dévergondées s'amusaient à un jeu brutal. Elles se laissaient tomber sur leurs voisins pour les précipiter à l'intérieur du bassin en s'étouffant de rire ; deux jumelles endimanchées accompagnées de père et mère arboraient des chapeaux de mousseline ; des Espagnols avaient apporté leur guitare ; un jeune homme efféminé au visage de chérubin intelligent, mais déjà fané, était venu lui aussi, il y avait encore des adolescents grassouillets, véritables fils à leur maman, serrant dans leur main une gaufre surmontée d'une boule de glace à la crème ; des infirmes dont le teint virait du vert pâle au noir de suie et deux gars aux joues couvertes de taches de rousseur, coiffés de calots écossais identiques. D'autres s'étaient peut-être rassemblés dans ce bassin, depuis longtemps asséché, dans l'attente de quelque chose, pour se remplir les poumons de la fraîcheur nocturne et contempler la lente ascension de la lune dans le ciel rougeoyant, une lune qui ne se mirait plus dans les jets d'eau mais projetait une lumière blafarde sur les visages de cette foule en proie à l'insomnie.

Quelqu'un pinça les cordes d'une guitare et un chant aux sonorités africaines ou sud-américaines s'éleva, principalement repris par les couples enlacés. Tout entier, le bassin en ciment résonna alors de ce chant ; il ne manquait plus que les senteurs des lointains étés, les ombrages et les rossignols dans les branches.

Nous sommes restés ainsi jusqu'à trois heures du matin, tour à tour somnolant, chantant, puis somnolant à nouveau. Il faisait certainement plus frais là qu'à l'intérieur des maisons. Nous nous sentions libres et délivrés de nos soucis, telles les gouttelettes argentées qui jaillissaient autrefois des Grandes Fontaines. L'air sentait la poussière. Le marchand de glaces était toujours là, mais les cars avaient disparu. Le dernier avait klaxonné un moment, puis s'était éclipsé au tournant. Je somnolai et chantai quelque temps avec les autres, puis je calai mon sac sous ma tête, me serrai contre le rebord du bassin et m'endormis profondément. Les chuchotements et la musique douce dans laquelle je baignais se sont mués en un rêve où quelqu'un me posait inlassablement la même question, toujours un même mot de trois syllabes, une interrogation courte, insistante, à laquelle je ne trouvais pas de réponse.

Lorsque je m'éveillai, le bassin était presque vide. Une dizaine de personnes y dormaient encore. Une autre journée étouffante s'annonçait. Huit heures n'avaient pas encore sonné que le soleil était déjà brûlant. Autour de moi, des rues s'étiraient en tous sens, parcourues par une foule de citadins pressés. Tous ces gens semblaient avoir un but.

Le marchand de journaux venait d'arriver à son kiosque, le cireur installait son attirail et les cafés ouvraient leurs portes. L'air sentait la brioche fraîche. Je bus tranquillement mon café et mangeai un œuf sur le plat. Tout ici me rappelait mon quartier, comme si après cinq heures de voyage, je n'en étais jamais parti.

En tout cas, ce n'était pas du tout ce que j'avais projeté. La machine qui m'avait octroyé ces trois jours de congé ne l'avait pas fait pour… Tout à coup, je remarquai la longue file des cars vert et jaune, le soleil brillait dans leurs vitres et leurs portes étaient grandes ouvertes. Sur le premier d'entre eux, on pouvait lire : "Rivage bleu", sur le second : "Rivage vert" et sur le troisième car était marqué le nom d'un autre rivage encore. "Ils vont tous, plus ou moins, en direction du lac, dit un homme qui installait une femme sur son siège, seulement celui-ci contourne les jardins publics, tandis que l'autre file directement le long de la rivière. Il est sans doute plus rapide." Des gens firent leur apparition et prirent place. Le chauffeur mit le moteur en marche. Je montai à mon tour dans le car, me répétant, en moi-même : Rivage bleu, rivage vert, des jardins bleus, verts, roses. Je fourrai mon sac sous le siège et lançai mon chapeau dans le filet, puis m'installai près d'une vitre ouverte. Dans un rugissement de moteur, nous dépassâmes le bassin vide. Nous empruntâmes une rue étroite, une autre plus large, puis enfin une troisième, et à partir de là, j'en perdis le compte. Dehors, des milliers de gens se hâtaient dans toutes les directions, ils avançaient, comme une muraille, les uns face aux autres. La ville immense grondait tout autour. Etait-ce la même ? Celle où j'habitais et qu'hier j'avais voulu fuir, ou bien était-ce une autre qui lui était contiguë et qui lui ressemblait, ou encore une troisième, je l'ignore. Nous traversâmes la ville en trombe, elle semblait ne plus avoir de bornes.

La journée d'hier me revint à l'esprit. Chaque mètre carré du bassin avait été occupé, au minimum, par deux personnes. Si mon idée pouvait être réalisée, il y aurait alors eu deux fois moins de gens, puisque seuls ceux qui auraient été marqués du signe *plus* seraient venus s'y reposer après une torride journée d'été, avant d'aller dormir et recommencer à travailler le lendemain matin. Au même moment, les gens marqués du signe *moins*, leur réveil ayant sonné, se frotteraient les yeux, se précipiteraient sous la douche, avaleraient leur café et s'éparpilleraient dans les ateliers, les usines, les bureaux et les écoles. Eh ! oui. Il y aurait eu deux fois moins de monde dans le bassin vide d'eau. Je devais absolument mettre mon projet par écrit, le mettre noir sur blanc. Mais sous quelle forme ? Cela méritait réflexion, le moment était aujourd'hui propice. Le car, chuintant de tous ses pneus, roulait sur l'autoroute, des bâtiments apparaissaient puis disparaissaient, les voyageurs somnolaient, la route semblait ne jamais prendre fin et se confondait avec l'horizon au-delà duquel, j'en étais persuadé, m'attendaient les rivages bleus, les rivages verts.

Et si, par exemple, j'adoptais pour mon rapport la forme romanesque ? Il se trouverait immédiatement des gens pour m'accuser d'avoir copié les grands utopistes de notre siècle, sinon leur idée, du moins son approche, et peut-être même sa manière. Quand on y pense, les prédictions de tous ces génies, il faut bien le reconnaître, ne se sont pas réalisées et nous ne sommes pas, en cette année 1984, tellement éloignés du mode de vie de nos aïeux. De plus, j'insiste pour faire breveter mon projet. C'est une affaire sérieuse qui n'a rien de commun avec une utopie. Et si j'ai emprunté certaines choses aux génies de la première moitié de notre siècle, c'est qu'eux aussi avaient pris, sans aucun scrupule, ce qu'ils avaient pu chez leurs prédécesseurs et en particulier chez notre aïeul, ce qui fait qu'à mon tour, je reprends ce qui m'appartient.

Après tout, non ! Laissons le roman de côté. Ce sera mieux, plus simple et d'une certaine manière plus sérieux de rédiger un rapport et de le présenter à mon chef comptable (d'autant plus qu'il m'arrive d'échanger au moins deux mots une ou deux fois par an avec son assistant). Je pourrais lui demander de transmettre mon rapport en haut lieu et de là encore plus haut, toujours plus haut… A vrai dire, ce n'est même pas la peine de le lui demander car il est impossible que mon idée ne puisse intéresser les gens les plus haut placés. Quant à l'exploitation de l'idée elle-même, ils n'auront pas besoin de moi : je suis un homme modeste, qui n'a pas la prétention de présider quelque Commission Spéciale de l'Espace et du Temps. Des spécialistes dans les facultés et les académies vont se pencher sur mon idée. Après la soirée d'hier, j'ai définitivement acquis la conviction que la mise par écrit de mon projet ne peut plus attendre.

Malgré la vitesse prise par le car et les vitres baissées, il faisait de plus en plus chaud. Nous roulions dans l'atmosphère torride d'un jour d'été, la chaleur du soleil était telle que nous dûmes baisser les stores de toile. Le rythme soyeux des pneus sur l'asphalte et une luminosité trouble et poussiéreuse m'inclinèrent à la somnolence. “Laisse ton voisin tranquille, pensais-je, tu lui es totalement inutile.”

Voilà encore un nouveau slogan qui pourrait donner un aspect philosophique à mon rapport : "Ne fais ni bien ni mal à ton voisin, oublie-le…" C'est ainsi que je me mis à rêver, soudain envahi par une sensation de calme et l'assurance délicieuse que les jardins vert émeraude et les rivages bleus se rapprochaient de plus en plus et n'allaient plus m'échapper.

Une secousse me réveilla. Le car venait de s'arrêter. Les voyageurs descendaient les uns après les autres. Je me levai et repris mes esprits : "Ce n'est pas le premier car, c'est le second, me dis-je. C'est le deuxième jour de mon voyage, la mi-journée du deuxième jour !" Je sautai en bas du marchepied et jetai un regard autour de moi. Etaient-ce là les Rivages verts ou bleus ? Je m'abstins de demander. Une immense usine de brique et de verre se dressait le long de la berge plate d'un petit lac. Tout le bâtiment n'était que vibrations et grondements. Par les portes grandes ouvertes, tout au fond, dans l'obscurité, une fournaise incandescente me rappela la toute-puissance du soleil au-dessus de ma tête. Aussi loin que portait mon regard, une mer de voitures, chauffées à blanc, étincelait.

Ahuri, je m'allongeai à l'ombre étroite de l'une d'elles sur un sol jonché de graviers et de mégots. Un nuage de fumée noire obscurcissait le lac. Sur l'autre rive se profilait une usine identique, avec les mêmes briques et les mêmes panneaux de verre. On sentait qu'il y avait de la vie à l'intérieur, qu'une foule y grouillait dans le vacarme, dans le grondement et les vibrations des machines. Tout à côté de l'usine se dressait une station électrique transparente, telle une tour Eiffel démontée.

Un air chaud, saturé de gaz d'échappement, emplissait mes poumons. La voiture le long de laquelle je m'étais allongé, côté ombre, était brûlante. J'évitai de la frôler. Il n'y avait pas un brin d'air. La nausée m'envahit. Ma bouche, mon nez, tout mon être étaient pénétrés de l'odeur des pneus, de métal et d'huile de moteur surchauffés. Où étais-je ? Combien de villes n'avais-je pas traversées, toutes ces villes qui s'emboîtaient les unes dans les autres ? Etait-ce là l'horizon qui m'avait été promis ? Etait-ce cela, un lac, avec ces usines vrombissantes ? Où étaient l'herbe, la forêt, les champs ? Où menaient ces rues ? Quoi ! A nouveau vers les habitations, les magasins, les enseignes lumineuses, les autobus et encore d'autres voitures ? Qui viendrait se baigner ici, à la nuit tombée, pour que je puisse, moi aussi, me plonger dans l'eau ? Une eau noire aux reflets de plomb et de métal comme tout ce qui m'entourait. A trente pas de moi, je vis un panneau : Baignade interdite !

Deux hommes s'approchèrent de moi. L'un d'eux était coiffé d'un képi, l'autre était torse nu. Avec son mouchoir, il épongeait son front et son cou. Il était visiblement à la recherche de sa voiture. Ils enjambèrent mon chapeau. Je bondis sur mes pieds et hurlai à leur adresse :

— Comment sort-on d'ici ? A vrai dire, je voulais simplement leur demander : Où donc est tout le reste ? Mais je me ravisai, cette question aurait été incongrue.

— Tournez à droite, au troisième virage vous vous retrouverez sur l'autoroute, me répondit, sans se presser, l'homme au képi. Il s'était arrêté et me dévisageait.

— Je suis à pied.

— A pied ? Le deuxième homme s'était, lui aussi, arrêté. Ils me fixaient tous les deux.

— Savez-vous quand passe le car ? leur demandai-je d'une voix encore un peu trop forte.

— Le car passera demain matin, me répondit l'homme au képi.

Les deux hommes s'éloignèrent. Celui qui était torse nu trouva enfin son véhicule, le mit en marche et il disparut dans un tourbillon de poussière. L'homme au képi revint vers moi.

— Ecoutez, lui dis-je, je me suis trompé d'itinéraire. Je cherchais un lac, c'est-à-dire que j'ai cru que celui-ci était un lac, vous savez bien comment sont faits les lacs… J'ai traversé quatre villes, oui, au moins quatre, peut-être même cinq… En moi-même, je pensais : Il ne me reste qu'un jour et demi… Pourriez-vous m'indiquer ?…

— Adressez-vous au bureau d'information. Il est interdit de s'allonger ici, et il s'éloigna sans rien ajouter de plus.

Je le suivis en traînant mon sac.

— Comprenez-moi, criai-je pour qu'il m'entende. J'ai le sens de l'humour. Je me suis bien marré hier lorsque les Grandes Chutes, je veux dire les Grandes Fontaines, m'ont joué ce tour (au fait ai-je ri ? Je ne me souviens pas d'avoir ri). Mais aujourd'hui, c'en est trop, ce n'est même pas drôle du tout. Je suis furieux, surtout après moi-même. Ecoutez ce que j'ai à vous raconter…

— Adressez-vous au bureau d'information. On vous renseignera là-bas.

Tout à coup, j'entrevis son visage. Il était parfaitement inexpressif. Même l'ennui ne s'y dessinait pas, un visage vide de toute émotion, aussi vide qu'une feuille de papier blanc ou que la soucoupe d'une tasse à thé.

Ma montre marquait cinq heures moins le quart. J'avais faim. Je me mis à longer les murs de l'usine qui n'en finissaient plus. Puis vinrent des pavillons à deux étages visiblement habités par les ouvriers et les employés des usines voisines. Un petit perron flanqué de part et d'autre d'une fenêtre, puis, à nouveau, un perron et deux fenêtres, et comme cela à l'infini. La rue était absolument déserte, sans un arbre, sans un banc, sans pelouses, sans passants, sans enfants. Il me fallut une heure et demie pour la parcourir et toujours des perrons, des fenêtres. Enfin, je débouchai sur ce qui devait être la rue principale, car à gauche et à droite il y avait des stations-service, puis une place apparut, des magasins aux grandes vitrines, trois églises, une bibliothèque, une école et un hôtel. J'y entrai.

— Avez-vous une chambre ?

Il y en avait une. Je fis ma toilette, changeai de chemise et descendis dîner sans me sentir apaisé pour autant. La fatigue, la chaleur et une sensation pénible m'avaient envahi. Une sensation que l'on ressent lorsque tout tourne à l'intérieur de soi et que l'envie vous prend de vous démener, alors qu'on n'en a pas la force, mais seulement celle d'aller s'étendre. Une fois couché, c'est pis, à moins de sombrer dans le sommeil, un sommeil qui annihilera ces palpitations intérieures, ces pulsations qui retentissent dans la poitrine comme s'il y avait dedans une aciérie sans commune mesure avec tout votre être.

Au milieu de la nuit, je fus réveillé par le même son répétitif qui m'avait déjà troublé la nuit précédente, lorsque je m'étais assoupi à l'intérieur du bassin en ciment : un mot lancinant, très court, toujours le même, accentué sur la première syllabe, ou bien étaient-ce trois mots d'une syllabe chacun ? Et puis, après tout, ce n'était peut-être pas un mot, plutôt quelque chose comme le tic-tac d'une montre ou un robinet qui goutte à intervalles réguliers. Non. A vrai dire, cela ne pouvait être qu'un mot !

Le lendemain matin, je descendis dans la salle du restaurant où flottait, malgré l'heure matinale, une odeur de soupe. La patronne, en chaussons à même ses pieds nus, portant un tablier propre, faisait le service. Ses gestes étaient calmes, ses mains soignées, son visage avait dû être agréable à voir. Je décidai soudain de me confier à elle. Peut-être pourrait-elle me conseiller ? Elle écouta mon récit, puis poussa un gros soupir :

— Vous avez fait fausse route. Pourquoi n'avez-vous pas demandé votre chemin ? Il fait si chaud en ce moment. J'ai toujours pensé qu'il valait mieux partir en vacances lorsqu'il fait plus frais, sinon on se crève. Par cette chaleur, il vaudrait mieux se trouver près de la baie.

— Quelle baie ?

— Mais la baie, près de la mer. Sur la rive, même si cela cuit, il y a toujours une petite brise.

— C'est loin ?

— A une heure et demie d'ici, peut-être même plus loin. Vous êtes en voiture ?

— Non, je suis arrivé par le car et après j'ai marché.

Elle me lança un regard étonné. J'ai alors ajouté lâchement :

— C'est-à-dire, je n'ai marché qu'à partir de l'arrêt du car pour venir jusqu'ici. Je pensais qu'en ville, je trouverais d'autres autobus et d'autres arrêts.

Elle fut rassurée et je remarquai même une certaine compassion dans son regard.

— Vous savez, le temps passe. Je n'ai plus la possibilité de m'arrêter. Je dois continuer à marcher pour arriver quelque part. C'est idiot ! Même quand on a le sens de l'humour, et j'en ai, je vous le jure ! Tout ceci peut paraître risible, et même très drôle, ha ! ha ! ha !

Un éclair de ses dents illumina son visage, c'était sa façon de sourire. Elle se dirigea vers les autres tables. Moi, je ne pensais plus qu'à la baie.

— Il y a un train, me dit-elle, en présentant l'addition. Vous avez encore le temps de l'attraper. Il vous mènera jusqu'à la baie. C'est un très bon train de voyageurs. Vous en avez pour deux heures. Vous pourrez vous baigner, bronzer, le sable y est fin et les baignades formidables. Et puis, la plage est si large, un demi-kilomètre de baie.

Je lui jetai un regard reconnaissant. En cet instant, avec toute l'énergie dont j'étais capable, je lui souhaitai en moi-même tout le bonheur possible pour elle, ses enfants et ses petits-enfants. Un bonheur sans histoire dans cet hôtel et dans ce restaurant dont l'odeur me poursuivit jusqu'à la gare. A peine avais-je jeté mon sac sous le siège et posé mon chapeau dans le filet que les wagons exigus, surchauffés et sonores s'ébranlèrent. De station en station, les voyageurs permutaient, grouillaient. Je me sentais heureux, à vrai dire pas exactement, car le regret d'avoir perdu du temps s'était abattu sur moi tel un nuage noir. Il faisait chaud, aussi chaud que la veille. Je pouvais à peine imaginer qu'hier encore j'étais allongé à l'ombre parcimonieuse d'une voiture près de ce lac sinistre et qu'ensuite j'avais fait ce chemin interminable, et qu'avant-hier j'avais dormi dans un bassin asséché. J'avais perdu le compte de tous les cars dans lesquels j'avais voyagé et de toutes les villes que j'avais traversées. Je ne savais même plus depuis combien de temps je me trimbalais ainsi.

A travers la vitre, le ciel était, une fois de plus, chauffé à blanc. Heureusement pour moi, le soleil étincelait et cuisait du côté opposé. J'évitais de bouger, car au moindre geste la sueur m'inondait. Au-dehors, sans préméditation aucune, défilaient des bâtiments hauts, des maisons basses, entre lesquels passaient des voies ferrées, un bout d'autoroute, un arbre coincé entre deux églises, une fabrique, une station-service, et encore des maisons, une rue très animée, d'autres désertes au-dessus desquelles s'enchevêtraient des câbles, une gare, un avion telle une fourmi argentée rampant dans le ciel, un tunnel, un pont, un échangeur routier et ainsi, non pas pendant deux, ni même trois heures, mais bien près de quatre heures au terme desquelles le train freina, roula encore un peu pour s'immobiliser tout à fait. Par la vitre baissée, derrière les toits, les cheminées, les clochers, les réservoirs d'eau et de gaz, dans un éclair, j'aperçus la baie baignant dans une vapeur rosée d'étuve. Un train venant en sens inverse me la cacha. Mais je savais maintenant qu'elle était là, qu'elle existait.

A quoi tout cela va-t-il ressembler dans l'avenir ? Cette question m'intéresse, à vrai dire, bien plus que de me demander comment c'était dans le passé. Je ne peux changer le passé, il fut parfait (c'est ce que nous croyons tous). Il y a de cela vingt ou trente ans, tout était parfait. Chacun vous le confirmera. Je pense que les progressistes (comme il est convenu de les appeler), un homme supérieurement intelligent tel Kouzma II et quelques rétrogrades qui croient encore au mauvais œil, tous sont d'accord sur ce point. Donc, je ne peux m'intéresser au passé, tandis que je pourrais éventuellement jouer un certain rôle dans la réorganisation de l'avenir. Je dois avouer qu'avec une vie aussi grise et un destin aussi ordinaire que les miens, cette idée me rassure et pourtant, je ne suis pas outre mesure ni maladivement présomptueux.

Qui est cet homme ? demandera-t-on. Mais celui qui a fait gagner à chacun de nous en moyenne un vingt-quatrième de vie supplémentaire et qui a multiplié l'espace par deux, répondra-t-on. Comme vous pouvez le constater, nous sommes actuellement organisés d'une manière plutôt satisfaisante, mais pour combien de temps… Je dois réfléchir à tout cela très sérieusement avant de rédiger mon rapport, ne parlons même pas du roman. Parfois, la crainte me prend qu'un autre n'ait eu la même idée. Il doit bien y avoir des gens (de toutes tendances) qui réfléchissent à l'amélioration du sort de l'humanité.

J'avançais au milieu d'une foule dense en direction de la baie. Les restaurants étaient bondés. Les gens dînaient à l'ombre de parasols fleuris ou consommaient des boissons glacées. Les haut-parleurs diffusaient de la musique, interrompue à intervalles réguliers par de la publicité. Je n'ai rien contre la publicité, mais comment peut-on la préférer à la musique ! Dire qu'il y a des gens qui écoutent la musique malgré eux et qui ne se détendent qu'au moment des annonces publicitaires !

Un tunnel où il faisait frais se présenta, nous l'empruntâmes tous. Des vacanciers ou des touristes y étaient assis le long des murs pour profiter de la fraîcheur. Quelques-uns de ceux qui marchaient avec moi décidèrent de s'y arrêter, disant qu'il y faisait meilleur. Je continuai mon chemin en suivant les tournants du tunnel jusqu'au moment où enfin la lumière apparut et avec elle toujours ce soleil implacable. Dans le lointain, la baie disparaissait dans une brume légère. Je savais que maintenant je ne cesserais plus de fixer cette brume à m'en faire mal aux yeux, surtout pour éviter de me retourner sur le chemin parcouru et les six ou sept villes laissées derrière moi.

Oui, tout était parfait sur cette plage au sable brûlant. Sur une dizaine de kilomètres, une rangée de gratte-ciel s'allongeait face à la baie et au front de mer en pente. La foule se déchaussait, j'en fis autant. Foulant de nos pieds nus le sable fin et chaud, nous enjambions avec précaution les corps allongés. Les annonces publicitaires rugissaient, interrompant la musique qui nous parvenait du sol, car les estivants avaient apporté leur radio…

Dès qu'un espace se trouvait libre, il était immédiatement occupé. Je m'immisçai entre des corps étendus sur le sable, ayant hésité un instant, pour ne pas en heurter un au moment où j'adopterais, moi aussi, la position couchée. Mais quelqu'un s'était aimablement poussé ou plutôt s'était retourné de l'autre côté, ce qui me permit de me glisser, ayant rentré, pour cela, les épaules et le ventre afin de prendre le moins de place possible. Autour de moi, ce n'étaient que respirations, conversations, ronflements, pleurs d'enfants. Pendant quelques minutes, je restai immobile pour ne déranger personne, puis je retirai mon pantalon, ma chemise et seulement revêtu de mon caleçon de bain, je m'étendis sur le ventre, la tête posée sur mes bras. Je ne bougeai plus. Un hélicoptère survola la plage à basse altitude, son ombre me recouvrit un instant. Je repoussai loin de mon visage une boîte de conserve et une bouteille vide. J'écartai un journal tout froissé et jauni par le soleil qui avait atterri sur moi. Je fermai les yeux. Il me sembla qu'à travers mille bruits – le vrombissement de l'hélicoptère, les cris et les glapissements des baigneurs, la radio et les coups de sifflet des maîtres nageurs –, j'entendais clapoter les vagues. Ce n'était que l'imagination d'un homme parfaitement heureux car l'eau de la baie était silencieuse et immobile.

Je sombrai dans l'inconscience. Lorsque je revins à moi, je dus me dégager des bras et des jambes de mes voisins qui sommeillaient. Avec mille précautions, je parvins jusqu'au bord de l'eau et me joignis à la file de gens qui attendaient leur tour pour entrer dans l'eau. Un ordre impeccable régnait ici, mais le soleil était si brûlant qu'on n'avait qu'une seule envie, celle de se jeter, les poings fermés, dans l'onde bleue qui s'étalait silencieusement à l'horizon. Mais rien à faire, la baie était remplie de baigneurs debout, épaule contre épaule ; les enfants étaient tenus par la main. On plongeait, chacun à son tour, l'un par-dessus l'autre, respectant les ordres des maîtres nageurs. L'un par-dessus l'autre, me dis-je, mais cela confirme tout à fait ma théorie ! Il était curieux de constater qu'un autre grand esprit avait eu l'idée de ce "l'un par-dessus l'autre".

Enfin mon tour arriva. J'entrai dans l'eau, elle était tiède, mais je me sentis rafraîchi. J'avançai jusqu'à avoir de l'eau à la poitrine. Déjà, il y avait moins de monde. Je me mis à nager. Je me disais que, de l'autre côté de la baie, il y avait la rive d'en face. Je ne cessais de la fixer à travers la brume de chaleur qui donnait l'illusion que derrière il y avait l'océan.

Là-bas, là-bas, un jour avec toi, me récitai-je, saisi d'un sentiment de plénitude, de légèreté et d'espoir. En fin de compte, ce n'est pas si loin, il doit bien y avoir des petits bateaux tout blancs comme s'ils avaient été frottés à l'eau de Cologne. Ensemble, nous monterons dans un de ces petits bateaux, on prendra le large et on voguera, là où il n'y aura personne ou presque, rien que des gens comme toi ou moi et nous y vivrons, non pas deux ou trois jours, mais autant que la machine nous y autorisera, la tienne et la mienne, bonne et intelligente machine ! Si nous avons la patience d'attendre encore deux ans, un grand bonheur nous échoira. Pense comme ce sera merveilleux, il y aura là-bas la forêt, les champs, les prés, les oiseaux et les fleurs.

La rive embrumée qui me faisait face me paraissait être la terre promise, je l'aimais, j'en rêvais. J'avais le sentiment que cet amour se transformait en une autre sorte d'attachement, celle que je n'avais encore jamais éprouvée et à laquelle j'avais tant rêvé sans savoir comment y parvenir car il y avait toujours quelque chose qui manquait.

Je fis demi-tour, les yeux à moitié fermés. Tout ce que j'avais tant voulu fuir surgit à nouveau. Là, derrière les gratte-ciel de marbre et de verre rose et blanc de neige, il y avait les lacs pollués, les fontaines asséchées, les villes qui s'étiraient horizontalement à l'infini, les nuits étouffantes et poussiéreuses, les journées tout aussi poussiéreuses et torrides, les aides-comptables et leurs chefs, et puis toi, toi, à qui j'avais si sèchement, si cruellement et avec tant d'indifférence reproché d'avoir été en retard à ton travail, comme si moi j'étais toujours et partout à l'heure !

Les yeux à moitié fermés, je nageais, nageais. J'eus soudain la sensation que des larmes coulaient sur mon visage et se mêlaient à l'eau salée de la baie. Des larmes de pitié et d'amour, de tendresse et d'éternité d'où le rire était absent. Je repris pied et m'avançai, me rappelant que derrière moi, de l'autre côté de la baie, un autre monde se dissimulait dans la brume bleue, un autre monde avec lequel j'avais été, un court instant, à l'unisson, loin de tous, mon monde de silence, notre solitude à deux et notre joie commune.

Devant moi, la même plage, la même foule si dense. Si l'on m'avait demandé de quelle couleur était le sable, je n'aurais su que répondre. Le soleil en fusion était toujours dans le ciel, mais un peu incliné vers les immeubles. Il y avait toujours autant de monde à attendre docilement l'instant de se baigner. Le bruit était tel qu'on ne s'entendait plus soi-même.

Je jouai des coudes pour sortir de l'eau et retrouver ma place. Je m'essuyai tant bien que mal, ne pouvant éviter de frôler les visages de mes voisins avec ma serviette éponge. Je m'en excusai à la ronde. Comme il ne restait plus de place pour me permettre de m'allonger, je rassemblai mes affaires et partis dîner.

Au restaurant, j'attendis patiemment mon tour. Je mangeai d'abondance et bus une bouteille de bière. Je fis quelques pas sur le trottoir protégé du soleil par des palmiers artificiels. Le haut-parleur annonçait une soirée sans nuages et une nuit relativement fraîche. Je m'assis quelque temps sur un banc. La nuit tombait, le soleil se cacha derrière les gratte-ciel.

— Ce serait bien de rester ici jusqu'au matin, dit une voix de femme. Je vis alors qu'un couple avait pris place sur mon banc.

— Mais nous avons retenu une chambre, rétorqua l'homme, et même versé des arrhes.

— On nous a annoncé que la soirée serait claire et la nuit fraîche.

— Oui, on l'a dit.

— On pourrait se baigner encore une fois, lorsqu'il n'y aura plus personne, après on dormira sur le sable.

— Si tout le monde raisonnait comme toi, personne ne partirait et on serait toujours aussi serrés.

— C'est impossible. Ils partiront. Presque tous partiront. Au moins la moitié.

Je souris, mais gardai le silence. La femme venait de parler de moitié. J'allais bientôt leur donner ce qu'ils désiraient. Ils ne s'en doutaient pas encore.

— Pour dormir, ce sera un peu dur, dit l'homme en bâillant.

— Tu bâilles parce que, ici, il y a de l'air, répondit la femme. Oui, après tout, tu as peut-être raison.

Ils se turent tous les deux.

— Tu sais quoi, dit soudain l'homme d'une voix lente, partons d'ici !

— Comme tu veux, acquiesça-t-elle.

Ils se levèrent et s'éloignèrent, me laissant à mes réflexions.

Ces réflexions étaient empreintes d'un sentiment diffus, impalpable, qui me liait d'une certaine manière à ce couple, sentiment qui tantôt précédait mes pensées, tantôt les suivait, comme si une trame se tissait, réunissant deux fils de couleur différente pour former un seul dessin ; deux êtres coexistaient en moi et si je ne craignais de paraître démodé, je dirais que l'un des deux se trouvait dans mon cerveau et l'autre dans ma poitrine. L'un avait un rapport avec mon projet, l'autre avec Daly. Les deux fils se fondaient en un seul, et tout à coup la première navette, en se dévidant, prenait du retard sur la seconde en s'écartant et en perdant ses couleurs ; elle n'était plus aussi importante, ni aussi significative et aussi décisive. Par contre, la seconde navette semblait revêtir des couleurs dorées, rousses, automnales.

C'est alors que résonna soudain, au beau milieu de ma méditation, la question, ce son nocturne de trois syllabes, comme s'il ne voulait pas, pour une fois, attendre la nuit mais se murmurer, se chuchoter, se balbutier dans le bruit de la foule, au milieu des cris, des galopades et de la promiscuité, sous un soleil tout aussi brûlant mais déjà éloigné du zénith : Où es-tu ? Cinq secondes encore, et à nouveau : Où es-tu ? Un silence s'étant fait en moi, j'entendis, une fois de plus : Où es-tu ?

Je compris, tout à coup, que l'humanité n'attendait rien de moi, qu'il n'y avait aucune raison de doubler l'espace, d'allonger notre vie au-delà des limites actuelles et de diminuer de moitié la file des touristes qui attendaient leur tour pour se baigner. Quoi qu'il en fût, ce n'était pas en agissant ainsi que l'on pourrait changer quelque chose.

La seule chose qui compte vraiment, c'est la rive opposée de la baie : sous la pluie, sous la neige, par une chaleur torride, sous l'orage et la tempête, lorsque tous les deux, elle, mon unique pour l'éternité, et moi, nous y séjournerons le plus longtemps possible, aussi longtemps que la machine nous le permettra, et qu'en nous promenant dans les champs et les bois, comme deux anges gardiens (elle, le mien et moi, le sien), je saurai qu'elle seule peut tout me pardonner et que je ferai de même à son égard et qu'elle seule pourra prendre ma défense, et moi la sienne, contre tout et tous, maintenant et toujours. Cette promenade qui aura bien lieu un jour, sinon ce n'est pas la peine de vivre, scellera nos fiançailles et notre mariage, qui ne regardent et ne regarderont que nous.

Le désespoir et le bonheur venaient soudain de s'enchevêtrer en moi d'une manière intolérable. La navette s'était follement emballée, martelant tout haut : Où es-tu, où es-tu ? La trame, essence de ma vie, se tissait. Je venais d'en prendre une conscience aiguë, comme cela n'arrive qu'une ou deux fois dans le destin d'un homme.

Lorsque je repris pied dans la réalité, le soleil avait disparu et la foule sur la plage était maintenant clairsemée. J'avançai le long de la baie, tout près de l'eau que l'on pouvait approcher facilement. Une marche sans fin. A ma gauche, se dressait l'interminable muraille des gratte-ciel, flamboyant de toutes leurs enseignes lumineuses ; à ma droite, à peine perceptible, la baie, bleu vert, s'étalait.

Là où la rive faisait un coude, sous un ciel qui s'obscurcissait de plus en plus, un gigantesque écran s'éclaira soudain, et déjà des géants s'agitaient sur sa toile ; le spectacle commença. A l'intérieur de moi-même, tout était devenu calme et silencieux comme si une décision venait d'être prise.

Avant de m'allonger sur le sable encore tiède, j'ai longtemps fixé l'horizon. Quelques nageurs s'ébrouaient toujours dans l'eau sombre ; d'autres, près de moi, s'apprêtaient à dîner, une nappe avait été étalée pour un pique-nique. L'atmosphère était devenue plus calme, les mouettes volaient mollement, un avion vrombit, une fois de plus, dans le ciel. Je m'allongeai face à l'horizon, tournant le dos au passé, sentant que couché là, tout au bord de cette baie, j'étais à la frontière de mon ancienne vie et qu'au-delà commencerait, pour moi, une nouvelle existence.

La nuit était tombée. Le pique-nique s'acheva. La tête posée sur mon sac, je sentis que peu à peu, avec une infinie précaution, le sommeil me gagnait, tel un esprit qui, sans toucher terre, s'avançait vers moi. J'eus l'impression que quelqu'un avait posé sa main sur mon front et qu'entre sa paume et mon visage, les longues mèches de sa chevelure coulaient avec douceur et harmonie. Je m'endormis à cet instant et ne bougeai plus de toute la nuit. En me réveillant le lendemain matin, je constatai que j'étais toujours couché sur le même côté, un bras le long de mon corps.

J'ouvris les yeux et restai immobile : en face de moi, l'aube se levait. Une longue ligne pâle s'étirait dans le ciel au-dessus de la baie et à l'horizon, là où, hier, j'avais été attiré et séduit par une brume si légère, se dressait une gigantesque ville toute noire, la huitième ou la neuvième, d'après mes calculs. Elle barrait le paysage d'une courbe en demi-cercle. Je demeurai couché sans bouger, médusé par cette silhouette sombre dont les toits traçaient une ligne brisée dans le ciel rose ; une mégalopole aux gratte-ciel s'élançant en gradins les uns derrière les autres. Par instants, cette vision semblait jaillir de l'eau, à d'autres, elle paraissait fondre sur la baie à travers la mince déchirure des nuages matinaux qui la caressaient et que le soleil tentait de percer. Une extraordinaire vision à la fois hideuse et belle.

Quelque chose d'à peine ébauché venait de se briser en moi : tout ce qui avait toujours existé, ce à quoi je m'étais habitué, avec quoi j'avais vécu, qui était devenu mien et avec quoi je m'étais, en quelque sorte, réconcilié, revenait en force. Ce sentiment ne cessait de grandir avec ses limites, ses lois. Il n'était plus question de se révolter, de discuter ni de dialoguer. Implacable, la ville se dressait devant moi. Tout là-haut, le soleil, en se levant, transformait cette lugubre silhouette en une masse quasi transparente, en une dentelle de fer, de béton et de pierre, barrant à jamais le chemin qui devait me permettre de partir – pour une heure, pour un jour ou pour l'éternité.

Le jour se levait, l'air n'était plus aussi lourd qu'auparavant, il s'était comme allégé, éparpillé. Une fraîcheur émanait de la baie. Les couples et les célibataires, toujours endormis sur le sable, ne bougeaient pas. Tout était calme, la vie n'avait pas encore repris. Seule la diffusion des premières nouvelles de la journée était transmise au loin par un des cafés. Je me levai après avoir un instant hésité : me baigner ou non ? Mais je n'avais aucune envie d'entrer dans l'eau. Je me chaussai, et, tournant le dos à la plage, sans un regard pour la baie ni pour les rayons du soleil dans le ciel, je me mis en route, guidé par les aboiements du haut-parleur.

Le lendemain, je me trouvais dans sa chambre, assis dans un fauteuil tandis qu'elle était juchée, près de moi, sur un tabouret. Je lui racontai qu'il était, en général, inutile de voyager, que les fontaines ne fonctionnaient pas, qu'il était impossible de se baigner dans les lacs, qu'il y avait trop de monde dans les baies et que bientôt tout cela changerait.

— La pilule ? me demanda-t-elle en levant, sur moi, ses yeux tristes.

— Non, pas la pilule. Je vous en ai déjà parlé, mais vous êtes toujours si distraite. Vous n'écoutez pas ce qu'on vous dit et vous oubliez tout.

Je lui décrivis, ensuite, mon voyage de retour qui m'avait semblé plus court qu'à l'aller et la façon dont je m'étais retrouvé, à nouveau, place Schliemann.

— N'empêche que vous ne savez pas qui est Schliemann, lui dis-je avec condescendance, imbu de toute la supériorité, de tout le sérieux et de toute l'expérience de ma personne.

— Non, je ne sais pas, répondit-elle sans l'ombre d'un remords dans la voix.

— Schliemann a découvert Troie, dis-je en examinant mes boutons de manchettes. C'est pourquoi on lui a élevé une statue. Savez-vous ce qu'est Troie ?

Elle hocha négativement la tête.

— Schliemann a fait des fouilles et il a mis au jour neuf villes, la neuvième était Troie. Toutes ces villes étaient superposées les unes au-dessus des autres.

Comme elle venait de secouer la tête, son peigne tomba et ses cheveux se répandirent.

ACTES SUD
HUBERT NYSSEN EDITEUR

EXTRAIT DE CATALOGUE

*Domaine russe*

*Romanesques*

Nina Berberova
L'ACCOMPAGNATRICE
LE LAQUAIS ET LA PUTAIN
ASTACHEV A PARIS
LA RÉSURRECTION DE MOZART
LE ROSEAU RÉVOLTÉ
LE MAL NOIR
DE CAPE ET DE LARMES
ROQUENVAL

Ivan Chmeliov
GARÇON !

Vsevolod Garchine
LA FLEUR ROUGE

Iossif Guerassimov
ON FRAPPE A LA PORTE

Anatoli Gygouline
LES PIERRES NOIRES

Vladimir Makanine
LE PRÉCURSEUR

Youri Miloslavski
ROMANCES DE VILLE

Viatcheslav Pietsoukh
LA NOUVELLE PHILOSOPHIE MOSCOVITE
CHRONIQUE PRIVÉE

Victoria Tokareva
RIEN DE SPÉCIAL

Tatiana Tolstoï
SOMNAMBULE DANS LE BROUILLARD

Konstantin Vaguinov
LE CHANT DU BOUC

Julia Voznesenskaya
LE DÉCAMÉRON DES FEMMES

## *Essais*

Nina Berberova
HISTOIRE DE LA BARONNE BOUDBERG
C'EST MOI QUI SOULIGNE
L'AFFAIRE KRAVTCHENKO
LES FRANCS-MAÇONS RUSSES DU XXe SIÈCLE

Tatiana Tolstoï
JE SUIS NÉE A LENINGRAD

## *Théâtre*

Vassili Axionov
LE HÉRON

Mikhaïl Boulgakov
ADAM ET ÈVE

Alexandre Bouravsky
L'AN II DE LA LIBERTÉ

Nicolaï Erdman
SAMO OUBITSA (LE SUICIDÉ)

Mikhaïl Shatrov
PLUS LOIN… PLUS LOIN… PLUS LOIN !

Anton Tchekhov
LA MOUETTE

## *Série "Musique"*

Nina Berberova
TCHAÏKOVSKI
BORODINE

Serge Prokofiev
VOYAGE EN URSS – 1927

## *"L'Art de la danse"*

Marius Petipa
MÉMOIRES

## *"Les Belles Infidèles"*

Marina Tsvétaeva
PHÈDRE

OUVRAGE RÉALISÉ
PAR LES ATELIERS GRAPHIQUES ACTES SUD
PHOTOCOMPOSITION : SOCIÉTÉ I.L.,
A AVIGNON.
REPRODUIT ET ACHEVÉ D'IMPRIMER
EN AVRIL 1991
PAR L'IMPRIMERIE FLOCH
A MAYENNE,
SUR PAPIER DES
PAPETERIES DE JEAND'HEURS
POUR LE COMPTE DES ÉDITIONS
ACTES SUD
LE MÉJAN
13200 ARLES

DÉPÔT LÉGAL
1re ÉDITION : MAI 1991
N° impr. : 30652
*(Imprimé en France)*